Bibliografische Information der Deutschen Nationalbibliothek:

Die Deutsche Bibliothek verzeichnet diese Publikation in der Deutschen National-
bibliografie; detaillierte bibliografische Daten sind im Internet über http://dnb.d-
nb.de/ abrufbar.

Impressum:

Copyright © 2014 GRIN Verlag, Open Publishing GmbH
Druck und Bindung: Books on Demand GmbH, Norderstedt Germany
ISBN: 9783668464568

Dieses Buch bei GRIN:

http://www.grin.com/de/e-book/369738/die-lebensdauer-digitaler-daten

Laura Schmiedl

Die Lebensdauer digitaler Daten

GRIN Verlag

Lebensdauer digitaler Daten

Eigereicht an der: Hochschule für Wirtschaft und Recht Berlin

Lehrveranstaltung: Wirtschaftsinformatik

Ort, Datum: Berlin, den 15.05.2014

Inhalt

1 Einleitung

Seine Fähigkeit zur Kultur ist eines der höchsten Güter des Menschen. Aus diesem Grund ist es kaum verwunderlich, dass seit Jahrtausenden der Wunsch besteht, diese Informationen über die Zeit hinweg zu retten und an kommende Generationen weiterzugeben. Als Informationsträger dienten „höchst unterschiedliche[...] organische[...] und anorganische[...] Stoffe[...] wie Stein, Papyrus, Ton, Rinde, Tierhaut [und] Papier"[1].

Ebendiese Informationsträger haben sich im Laufe der Zeit gewandelt. Zunächst entstanden andere analoge Träger wie Filme oder Zeitungen, doch im Zuge der industriellen Revolution und mit Voranschreiten der technischen Entwicklung kamen erstmals digitale Datenübermittler wie Disketten oder Festplatten auf. Daraus resultiert jedoch auch zunehmend das Problem, dass digitale Daten eine wesentlich geringere Lebenserwartung aufweisen als die Steintafeln unserer Vorfahren.

Mit ebendieser Problematik soll sich diese Hausarbeit mit dem Titel „Lebensdauer digitaler Daten" beschäftigen. Diese Thematik fordert zunächst einen Vergleich analoger und digitaler Daten, wobei speziell auf deren Vor- und Nachteile hingewiesen werden soll. Anschließend soll auf die Haltbarkeit einiger ausgewählter Speichermedien eingegangen werden. In Verbindung damit sollen Empfehlungen bezüglich der Haltbarkeitsoptimierung zur Langzeitarchivierung von Daten ausgesprochen und Back-up-Strategien näher erläutert werden. Die unbewusste Speicherung persönlicher Daten soll ebenfalls kurz thematisiert werden. Der Versuch eines Ausblicks in die Zukunft soll den Abschluss der Arbeit bilden. Dabei soll vor allem der Blick auf die dringend benötigte Erhaltung von Digital-Analog-Wandlern gerichtet werden, um auch künftigen Generationen den Zugriff auf bereits bestehendes digital gespeichertes Datenmaterial zu ermöglichen.

---

[1] Leskien, Hermann: Geleitwort, in: Borghoff, Uwe M., u.a. (Hg.): Langzeitarchivierung – Methoden zur Erhaltung digitaler Dokumente, Heidelberg: dpunkt.verlag, 2003, S. V

2 Vergleich analoger und digitaler Daten

Mit der voranschreitenden technologischen Entwicklung begann im 20. Jahrhundert die Erfolgsgeschichte des Computers – zunächst noch als Großrechner zur Zahlenverarbeitung für große Unternehmen, später jedoch auch als deutlich kleinerer Personal Computer (PC) für den Heimgebrauch – und im Zuge dessen auch der digitalen Daten und Datenträger. Analoge Datenträger hingegen spielen auch im heutigen digitalen Zeitalter noch eine wichtige Rolle vor allem als Informationsboten. Jedoch werden ebensolche analogen Informationsträger immer mehr durch digitale Varianten abgelöst, da die Daten deutlich komprimierter gespeichert werden können. Daraus ergibt sich die so überaus wichtige Frage, welche dieser beiden Medien besser zur Bewahrung des Wissens über die Zeit geeignet ist.

Bevor jedoch diese Frage im Verlauf der Arbeit näher beleuchtet wird, soll nun eingangs genauer auf die Unterschiede zwischen analogen und digitalen Daten eingegangen werden. Daten im Allgemeinen „stellen Informationen [...] aufgrund bekannter oder unterstellter Abmachungen in einer maschinell verarbeiteten Form dar"[2], die auf einem Datenträger aufbewahrt werden können. Diese Definition nach Hansen und Neumann hat einen stark technischen Bezug und beschreibt Daten als bereits formatiert und somit zur maschinellen Interpretation geeignet.[3]
Zur Darstellung in Rechnern und PCs eignen sich lediglich digitale Daten. Das Wort „digital" leitet sich vom lateinischen Wort „digitus" ab, was auf Deutsch so viel wie „Finger" bedeutet. Diese digitalen Daten „werden durch Zeichen repräsentiert"[4]. Jedem Zeichen kann dabei ein bestimmter fester Wert im binären System zugeordnet werden. Dabei kann nur zwischen zwei Zuständen unterschieden werden: Signal vorhanden (1) oder kein Signal vorhanden (0).[5] Diese Nichtexistenz von Zwischenzuständen ermöglicht die elektronische Datenverarbeitung und damit auch die Nutzung von Computern.[6]

---

[2] Hansen, Hans Robert; Neumann, Gustaf: Wirtschaftsinformatik 1 – Grundlagen und Anwendungen, Stuttgart: Lucius & Lucius, 2009, S. 6
[3] Vgl. ebd.
[4] Ebd., S.7
[5] Vgl. Handelswissen: Analog/Digital, in: http://www.handelswissen.de/data/branchen/Consumer_Electronics/CE-Spezialwissen/Grundlagen/Grundlagen_Audio/Analog_Digital.php, Zugriff vom: 01.05.2014
[6] Ebd.

4

Im Gegensatz dazu steht jedoch die Natur, die nach wie vor analog funktioniert. Das Wort „analog" kommt vom griechischen Wort „analogos" und bedeutet soviel wie „ähnlich" oder „gleichbedeutend".[7] Analoge Daten werden „durch kontinuierliche Funktionen repräsentiert [...] [und die] Darstellung erfolgt durch eine physikalische Größe, die sich entsprechend den abzubildenden Sachverhalten oder Vorgängen stufenlos ändert"[8]. Sie können also im Gegensatz zu digitalen Daten auch Zwischenwerte annehmen, da sie sich kontinuierlich verändern. Am besten lässt sich der Unterschied der beiden Typen anhand der Temperaturdiagramme einer beliebigen Stadt X erklären. Während man bei der digitalen Darstellung (vgl. Abb.1) lediglich die Werte für jeden Monat einzeln ablesen kann, stellt die analoge Temperaturkurve (vgl. Abb. 2) auch die Messwerte zwischen den Monaten dar, wie sie auch in Wirklichkeit vorkommen.

Aus diesen Darstellungen ergeben sich die ersten ersichtlichen Vor- und Nachteile von analoger und digitaler Darstellung. Obwohl die analoge Darstellungsweise deutlich mehr der Realität entspricht und sie diese auch besser abbildet, ist sie für den Menschen schwieriger abzulesen, da von uns nicht jeder mögliche Zwischenwert erfasst werden kann. So können wir auch der Wirklichkeit nur selten in vollem Umfang folgen. Die digitalen Daten hingegen, die solche Zwischenwerte nicht berücksichtigen können, sind für den Menschen leichter interpretierbar. Ein weiterer Vorteil digitaler Daten, der nicht aus der Grafik ersichtlich wird, ist, dass man sie als sogenannte Bitströme elektronisch speichern, beliebig oft fehlerfrei kopieren und mit Anderen teilen kann. Unter einem Bitstrom versteht man die Folge von Nullen und Einsen, aus denen sich eine digitale Datei zusammensetzt.[9] "Für den Menschen [jedoch] ist der reine Datenstrom eines digitalen Dokuments ohne ein passendes Abspielgerät nicht zugänglich"[10]. Digitale Daten müssen also wieder in analoge Signale überführt werden, damit wir sie visuell oder akustisch als solche wahrnehmen können. Unter einem passenden Abspielgerät versteht man beispielsweise einen Computer mit Bildschirm für die Zugänglichkeit zu Textdokumenten oder einen MP3-Player zum Abspielen von digital gespeicherter Musik. Dabei kann aber auch der Fall auftreten, dass ein Dokument nur mit dem

---

[7] Ebd.
[8] Hansen, Hans Robert; Neumann, Gustaf: Wirtschaftsinformatik 1 – Grundlagen und Anwendungen, Stuttgart: Lucius & Lucius, 2009, S. 7
[9] Vgl. Borghoff, Uwe M., u.a.: Langzeitarchivierung – Methoden zur Erhaltung digitaler Dokumente, Heidelberg: dpunkt.verlag, 2003, S. 5
[10] Ebd.

Editorprogramm wieder geöffnet werden kann, mit welchem es auch erstellt wurde oder einer hinreichend ähnlichen Version.[11] Der technische Fortschritt kann die Nutzung digitaler Daten somit auch einschränken, sollte eine Konversion des Datenformates durch ein geeignetes Programm nicht möglich sein.[12] Analoge Daten hingegen sind jederzeit verfügbar und benötigen zudem keine Stromzufuhr. Würde man jedoch analoge Signale kopieren, müsste hingegen mit einem starken Qualitätsverlust wie beispielsweise einem Rauschen gerechnet werden. Dies kann beim Kopieren digitaler Daten nicht passieren, da die Werte entweder komplett richtig oder falsch sind.

Um Informationen digital und somit komprimiert speichern zu können, müssen die Signale zunächst umgewandelt werden. Bei der Digitalisierung analoger Töne beispielsweise, müssen diese zunächst in eine „Reihe von Zahlen umgewandelt werden, von denen jede eine möglichst genaue Beschreibung des Klangs zu einem definierten Zeitpunkt ist"[13]. Diese Zahlenfolge wird anschließend gespeichert. Um die Töne wiederzugeben, müssen diese dann mit Hilfe eines Analog – Digital – Wandlers wieder in analoge Signale transformiert werden.[14] Diese Digitalisierung ist jedoch grundsätzlich auch mit Qualitätsverlusten verbunden, da vor allem die analoge Auflösung im Gegensatz zur digitalen unendlich ist. Die Gründe, die für eine solche Umwandlung sprechen, überwiegen indes den Qualitätsverlust. So wird dieser Schritt im Allgemeinen unternommen, um die „Nutzung, Bearbeitung, Verteilung, Erschließung und Wiedergabe in elektronischen Datenverarbeitungssystemen"[15] zu ermöglichen sowie um den Platzbedarf des Datenmaterials zu verringern. Ferner können durch die Umwandlung analoger Daten ebendiese vor Übernutzung und einer damit einhergehenden Abnahme der Qualität bewahrt werden.

Ein weiterer wesentlicher Punkt, der beim Vergleich analoger und digitaler Daten berücksichtigt werden sollte, ist deren allgemeine Anfälligkeit für Umwelteinflüsse und Widerstandsfähigkeit. So haben analoge Datenträger vergleichsweise häufig mit

---

[11] Ebd.
[12] Ebd., S. 6
[13] Handelswissen: Analog/Digital, in: http://www.handelswissen.de/data/branchen/Consumer_
Electronics/CE-Spezialwissen/Grundlagen/Grundlagen_Audio/Analog_Digital.php, Zugriff vom:
01.05.2014
[14] Ebd.
[15] Wikipedia: Digitalisierung, in: http://de.wikipedia.org/wiki/Digitalisierung#Gr.C3.BCnde_f.C3.
BCr_die_Digitalisierung, Zugriff vom 01.05.2014

starken Abnutzungserscheinungen zu kämpfen. Die Musikkassette beispielsweise ist sehr anfällig für Staubpartikel im Abspielgerät oder für Abrieb des Bandes und aus diesem Grund nur begrenzt einsatzfähig.[16] Auch muss bei analogen Wiedergabegeräten wie dem Schallplattenspieler oft besonders auf deren Sauberkeit und Reinigung geachtet werden, um ein möglichst unverfälschtes Ergebnis zu erzielen.[17] Üblicherweise sind digitale Datenträger wesentlich robuster und weniger anfällig für Verschmutzungen. „Im Gegenteil: Kollabiert einmal ein digitales Gerät, liegt es meist an einem analogen Baustein"[18]. Jedoch sind dann in der Regel alle Daten unwiderruflich verloren.

---

[16] Vgl. Handelswissen: Analog/Digital, in: http://www.handelswissen.de/data/branchen/Consumer_ Electronics/CE-Spezialwissen/Grundlagen/Grundlagen_Audio/Analog_Digital.php, Zugriff vom: 01.05.2014
[17] Vgl. Ebd.
[18] Ebd.

3 Daten für die Ewigkeit

Wie schon im vorangegangenen Kapitel angesprochen, sind sowohl analoge als auch digitale Speichermedien anfällig gegenüber verschiedenen Faktoren und teilweise auch nur für kurze Zeit nutzbar. Umwelteinflüsse, Fehlprogrammierungen oder ähnliche Umstände sorgen dafür, dass sich jeder über die Haltbarkeitsoptimierung seiner eigenen Daten sorgt und versucht präventive Maßnahmen zu ergreifen. Doch welche Methoden zur Erhaltung gibt es und welche Träger versprechen dabei den größten Erfolg? Mit genau dieser Fragestellung wird sich dieses Kapitel auseinandersetzen und versuchen einige Lösungsvorschläge darzustellen.

3.1 Speichermedien

Der älteste Datenträger der Geschichte ist jedem bekannt: der Granitstein. Sauber eingravierte Informationen über Ereignisse und Wissen der Ägypter sind bis heute erhalten und werden von Wissenschaftlern mit einer hohen Haltbarkeit und Lebensspanne bewertet. Keramiktafeln und sogenannte „Steinzeugtafeln mit aufgebranntem keramischem Farbdruck"[19] sind meist mehrere tausend Jahre alt und haben eine ebenso lange Lebensdauer, wenn die Vermutungen der Forscher zutreffen. Es wird versucht die Sicherung und Erhaltung dieser analogen Datenträger zu gewährleisten, indem die Aufbewahrung unter idealen Bedingungen stattfindet.[20] Darunter versteht man die Verwahrung unter konstanten Temperaturen, einer konstanten Luftfeuchtigkeit und einer saubereren Umgebung.

Weitere analoge Datenträger sind Bücher und Zeitungen. Allerdings muss auch bei der Haltbarkeit dieser Medien unterschieden werden. Die ersten gedruckten Bücher stammen aus dem 15. Jahrhundert und wurden damals mit Papier aus Leinenlumpen gebunden, wodurch eine lange Haltbarkeit erzielt werden konnte.[21] Dagegen wird

---

[19] Wikipedia: Langzeitarchivierung, in: http://de.wikipedia.org/wiki/Langzeitarchivierung, Zugriff vom: 03.05.2014
[20] Vgl. ebd.
[21] Vgl. PC Magazin: Lebensdauer von Speichermedien, in: http://www.pc-magazin.de/ratgeber/speichermedien-lebensdauer-dvd-festplatte-usb-stick-floppy-disk-1485976.html, Zugriff vom: 02.05.2014

das holzartige Papier der Gegenwart seit Anfang des 20. Jahrhunderts verwendet. Dieses kann säurefrei beziehungsweise säurehaltig sein. Ersteres kann, wenn beschrieben mit säurefreier und nicht eisenhaltiger Tinte, mehrere hundert Jahre erhalten werden. Bei falscher Lagerung von Papierbögen, die mit eisenhaltiger Tinte beschrieben wurden, können bei hoher Luftfeuchtigkeit Rostspuren und Löcher auftreten.[22] Säurehaltiges Papier hingegen zersetzt sich innerhalb von 70-100 Jahren. Heutzutage ist der Großteil des verwendeten Papiers säurefrei. Dennoch ist die beste Variante, das heute nur noch schwer zu bekommende Papyrus. Der Gebrauch eines Laserdruckers kann diesen Problemen der Aufbewahrung ebenfalls entgegen wirken, wenn hochwertiges Papier genutzt wird. Weitaus schlimmer jedoch verhält es sich mit der Haltbarkeit von Zeitungspapier, bei der für eine preiswerte Produktion auf die Verwendung von qualitativen Materialien verzichtet wird.

Filme aus Zelluloid, Cellulostriacetat oder Polyethylenterephthalat sind ebenso nennenswerte Datenspeicher, die teilweise schon bis zu 100 Jahren aufbewahrt wurden und denen eine noch längere Lebensdauer prognostiziert wird. Nach vorherrschender Meinung kann beispielsweise ein Schwarz-Weiß-Film eine Haltbarkeit von ca. 700 Jahren besitzen.[23] Doch auch wie bei ausgedruckten Fotos verblassen die Farben mit der Zeit und gehen letztendlich völlig verloren. Aufgrund dessen ist die einwandfreie Aufbewahrung solcher Medien im Speziellen besonders wichtig. Ein solcher Film sollte beispielsweise original verpackt in einer Tiefkühltruhe gelagert werden.[24] Vergleichbar verhält es sich mit Audio-Kassetten.

1969 kam der erste portable, magnetische und digitale Datenträger auf den Markt. Dieser war die Diskette, welche eine geringe Speicherkapazität von 80 KB bis 3,25 MB[25] besaß aber dennoch der allgemeinen Nutzung freistand. Wenige Jahre später wurden dann optische Speichermedien immer wichtiger in der Sicherung von digitalen Daten, wodurch sowohl Disketten als auch Lesegeräte für diese nicht mehr genutzt noch hergestellt wurden. Über die Lebensdauer von CD-R (650 bis 900 MB

---

[22] Vgl. Wikipedia: Langzeitarchivierung, in: http://de.wikipedia.org/wiki/Langzeitarchivierung, Zugriff vom: 03.05.2014
[23] Vgl. ebd.
[24] Vgl. PC Magazin: Lebensdauer von Speichermedien, in: http://www.pc-magazin.de/ratgeber/speichermedien-lebensdauer-dvd-festplatte-usb-stick-floppy-disk-1485976.html, Zugriff vom: 02.05.2014
[25] Vgl. Wikipedia: Disketten, in: http://de.wikipedia.org/wiki/Diskette, Zugriff vom: 09.05.2014

Speicherkapazität[26]), CD-RW, DVD-ROM (4,7 bis 17 GB Speicherkapazität je nach Format[27]) und andere können nur Vermutungen angestellt werden. Labortests bewiesen zwar eine Dauer von bis zu 100 Jahren, doch sind solche Ergebnisse vom Umfeld und Beschaffung der einzelnen Disk abhängig.[28]

Wichtige Datenträger der heutigen Zeit sind Festplatten (bis zu 6 TB Speicherkapazität[29]), USB-Sticks (bis 512 GB Speicherkapazität[30]) und Flashspeicher. Ihnen wird eine Haltbarkeit von 10 bis 30 Jahren zugesprochen.[31] Doch auch hier ist zu beachten, dass niemand genaue Angaben machen kann, ob diese in der Realität auch eine solche Lebensspanne besitzen werden. Bei Magnetbändern (mehr als 6000 GB Speicherkapazität pro Band[32]) hingegen konnten schon Exemplare über 30 Jahre gesichert werden.

Auffallend bei der Betrachtung der einzelnen Speicher ist jedoch, dass die Moderneren eine weitaus kürzere Lebensdauer aufweisen bzw. prognostiziert bekommen, als die der vergangenen Jahrhunderte (vgl. Abb. 3).

3.2 Haltbarkeitsoptimierung und Backup-Strategien

Anhand der geschilderten Problematik der fachgerechten Aufbewahrung der Speichermedien, wird sich das nächste Kapitel dieser Arbeit mit der Haltbarkeitsoptimierung der Datenträger beschäftigen.

Allgemein gilt, optimale Lagerbedingungen zu schaffen und auf Qualität zu achten. Die richtige und qualitativ hochwertige Herstellung bildet ein vernünftiges Fundament für eine fachgemäße Nutzung eines solchen Mediums.[33] Zudem zu beachten sind herrschende Temperaturen, Lichteinstrahlung, Luftfeuchtigkeit und der gepflegte Umgang mit diesen.[34] Auch chemische und physikalische Einwirkungen auf einen

---

[26] Vgl. Wikipedia: CD-ROM, in: http://de.wikipedia.org/wiki/CD-ROM, Zugriff vom: 09.05.2014

[27] Vgl. Wikipedia: DVD, in: http://de.wikipedia.org/wiki/DVD, Zugriff vom: 09.05.2014

[28] Vgl. Focus: Daten für die Ewigkeit, in: http://www.focus.de/digital/computer/chip-exklusiv/tid-7048/backup-strategien_aid_69016.html, Zugriff vom: 02.05.214

[29] Vgl. Wikipedia: Festplattenlaufwerk, in: http://de.wikipedia.org/wiki/Festplattenlaufwerk, Zugriff vom: 09.05.2014

[30] Vgl. Wikipedia: USB-Massenspeicher, in: http://de.wikipedia.org/wiki/USB-Massenspeicher, Zugriff vom: 09.05.2014

[31] Vgl. Wikipedia: Langzeitarchivierung, in: http://de.wikipedia.org/wiki/Langzeitarchivierung, Zugriff vom: 03.05.2014

[32] Vgl. Wikipedia: Magnetband, in: http://de.wikipedia.org/wiki/Magnetband, Zugriff vom: 09.05.2014

[33] Vgl. Focus: Daten für die Ewigkeit, in: http://www.focus.de/digital/computer/chip-exklusiv/tid-7048/backup-strategien_aid_69016.html, Zugriff vom: 02.05.214

[34] Vgl. PC Magazin: Lebensdauer von Speichermedien, in: http://www.pc-magazin.de/ratgeber/

derartigen Speicher können schwerwiegende Folgen wie den Datenverlust haben. Doch auch wenn jeder diese Faktoren beachtet, ist es fragwürdig, ob wir die eigenen Bilder oder schriftlichen Arbeiten – geschrieben mit dem Microsoft-Programm Word – später auch ansehen beziehungsweise lesen können. Der schnelle Medien- und Systemwandel wirft in der heutigen Zeit neue Phänomene auf. Generell gilt daher: Kopieren ist besser. Die dadurch entstehende Datenmenge resultiert jedoch häufig in einem Datenchaos auf den PCs von Privatnutzern. Das Löschen oder Verschieben auf andere Speichermedien nimmt zu. Aber ist es dann überhaupt möglich all unsere Daten zu retten? Werden unsere Datenformate in Zukunft noch lesbar sein? Auf solche Fragen gibt es keine direkten Antworten, viel mehr muss man sich an Prognosen orientieren.

Die Nutzung von analogen Daten war und ist weitaus einfacher als die Verwendung digitaler Daten. Der Mensch ist fähig diese ohne Lesegerät zu erfassen, wie am Beispiel des Lesens eines Buches zu erkennen, was bei digitalen Daten nicht möglich ist. Die Erfordernis eines Lesegerätes führt häufig zu Problemen, wenn beispielsweise durch den technischen Fortschritt das zwingend benötigte Laufwerk zum Auslesen der Daten nicht mehr hergestellt wird. Dies führt überwiegend zum Verlust der Daten, die auf diesem digitalen Medium gespeichert waren. Die Entwicklung von Adaptern verlangsamt diese Tendenz, doch es wird zunehmend mit Defiziten gerechnet. Ein anderer Faktor, der den Datengebrauch zunehmend einschränkt, ist die andauernde Erneuerung von Betriebssystemen und Software. Codierte Daten können nicht mehr „entschlüsselt" werden, wodurch die Nutzung dieser unmöglich wird.[35] Hilfreich wäre es deshalb, freie Grafikformate (TIF, PNG, JFIF) oder freie Dokumentenformate (XML, PDF/A, OpenDocument) zu nutzen, da deren zukünftige Lesbarkeit weitaus wahrscheinlicher ist, als die der anderen.

Seit jeher gab es zwei Methoden um Daten zu sichern: Zum einen das „Speichern" von Daten auf beständigen Trägern wie beispielsweise Granit, zum anderen das präzise Abschreiben, welches vor allem zur Verbreitung von Bibeltexten genutzt wurde. Auch definiert als das Kopieren. Bei diesem Vorgang werden die Daten des

---

speichermedien-lebensdauer-dvd-festplatte-usb-stick-floppy-disk-1485976.html,   Zugriff   vom:
02.05.2014
[35] Vgl. Wikipedia: Langzeitarchivierung, in: http://de.wikipedia.org/wiki/Langzeitarchivierung, Zugriff vom: 03.05.2014

Textes "geklont", wobei die Kopie früher durch den analogen Vorgang des Abschreibens häufig mit einigen Fehlern versehen war. Im heutigen digitalen Zeitalter sind die Kopien nicht mehr vom Original zu unterscheiden. Für dieses Verfahren der Haltbarkeitsoptimierung werden verschiedene schon angesprochene Medien verwendet. Grenzen wie Urheberrechte treten zwar auf und erschweren die Sicherung all unserer Daten, dennoch wird von Experten das Kopieren als effizienteste Maßnahme zur Erhaltung von Daten empfohlen. Zu beachten ist, dass Daten komplett zerstört werden können, wenn ein unbrauchbares Bit Bestandteil der Datei ist. Ein weiterer Vorschlag wäre somit, auch nicht digitale Kopien anzufertigen. Am Beispiel eines Bildes dargestellt, bedeutet dies, ein solches auch auszudrucken, als nur auf diverse Speicher zu kopieren.

Die meist genutzten Speichermedien heutzutage sind CDs, DVDs und Blu-rays. Um eine prognostizierte Lebensdauer von 80 bis 100 Jahren zu erreichen, sollte man diese bei einer Temperatur von 25°C und unter Berücksichtigung einer Luftfeuchtigkeit von 40 bis 60% lagern.[36] Zudem ist es wichtig eine möglichst dunkle Umgebung zur Aufbewahrung zu wählen. Aufkleber, Fingerabdrücke und Kratzer verringern die Lebensspanne solcher Träger und der auf ihnen gespeicherten digitalen Daten zunehmend. Dieser Aspekt erklärt auch, warum ein großer Prozentsatz optischer Medien keine 80 bis 100 Jahre gebrauchsfähig ist.
Die typische „Regenbogen"-Oberfläche[37] ist der Mixtur einzelner Hersteller zuzuschreiben. Sie soll eine hohe Resistenz und Laufwerkkompatibilität garantieren.
In den frühen 80er Jahren wurden CDs mit aggressiven Chemikalien behandelt, was letztendlich die Wiedergabe verhindert. Mit diesem Problem muss sich das Musikarchiv der deutschen Nationalbibliothek in Berlin auseinandersetzen. Von 400.000 Tonträgern aus dieser Zeit sind hunderte nicht mehr lesbar (Stand: Februar 2007).[38] Die Absicherung digitaler Daten findet meist durch die Speicherung auf Rohlingen statt. Diese stehen bekanntermaßen seit Jahren in der Kritik, nur über einen kurzen Zeitraum auslesbar zu sein. Durchgeführte Studien wurden nicht objektiv geführt und lassen daher keine konkreten Ergebnisse über die

---

[36] Vgl. PC Magazin: Lebensdauer von Speichermedien, in: http://www.pc-magazin.de/ratgeber/speichermedien-lebensdauer-dvd-festplatte-usb-stick-floppy-disk-1485976.html, Zugriff vom: 02.05.2014
[37] Vgl. Netzwelt: Haltbarkeit von Speichermedien: Wo Daten richtig liegen, in: http://www.netzwelt.de/news/75456-haltbarkeit-speichermedien-daten-richtig-liegen.html, Zugriff vom: 02.05.2014
[38] Vgl. Focus: Daten für die Ewigkeit, in: http://www.focus.de/digital/computer/chip-exklusiv/tid-7048/backup-strategien_aid_69016.html, Zugriff vom: 02.05.214

Lebenserwartung zu.[39] Bei der Anfertigung von Kopien auf Rohlingen sollte auf die Hersteller-Garantie geachtet werden. Beispielsweise sollen die „Preservation"-Rohlinge von Kodak für über 300 Jahre korrosionsfrei sein, wohingegen das „SecurDisc"-Verfahren von LG eine mehrfache Speicherung auf eben diesen zulassen soll.[40] Verallgemeinert sollte man bei der Herstellung von Kopien auf folgende Punkte achten: Gleiche Kopien sollten immer auf mehreren Trägern verteilt gespeichert werden. Die Wahl des Produzenten ist dabei von besonders hoher Wichtigkeit. Ein Rohling mit korrosionsbeständiger Goldschicht ist einem anderen zu bevorzugen. DVD-RAM-Rohlinge mit Defektmanagement haben sich im Laufe der Zeit als herausragend sicher erwiesen.

Nach dem Erstellen von Replikaten sollten diese sofort auf Defizite überprüft werden. Zu diesem Zweck wurde das Programm „Nero DiscSpeed" (vgl. www.nero.com/enu/downloads) entwickelt. Es lässt sich leicht herunterladen und kann nach Einlegen der gebrannten Disk gestartet werden. Dabei wird ein ausführlicher Oberflächen-Scan durchgeführt. Gute Sektoren werden mit der Farbe grün, beschädigte mit gelb und fehlerhafte mit rot bewertet. Tritt eine der letzteren Farben auf, so sollte eine erneute Kopie der digitalen Daten angefertigt werden.

Ebenso lassen sich strikte Handlungsempfehlungen für den Umgang mit den Silberlingen ableiten. Diese sollten nur am Rand berührt werden, um Verschmutzungen vorzubeugen. Kommt eine derartige wiederum vor, so sollte diese mit einem weichen Tuch oder warmer Seifenlauge behandelt werden. Wichtig dabei ist, nie an der Datenspur entlang, sondern von innen nach außen zu wischen. Zudem sind Beschriftungen der Datenträger nie direkt auf ihnen vorzunehmen. Dafür sind Papiereinlagen, die später in der Plastikhülle, der sogenannten Jewel Case[41], zusammen mit der Disk aufbewahrt werden können, zu bevorzugen.

Festplatten und USB- oder Flashspeicher gelten hingegen als vorteilhafter als DVDs und CDs. Sie ermöglichen einen schnellen und flexiblen Datenzugriff, weil das Speichern und Löschen von digitalen Daten per Mausklick funktioniert. Es können riesige Datenmengen in kurzer Zeit verschoben werden. Zusätzlich ist die Aufbewahrung eines solchen Mediums weitaus einfacher und platzsparender.

---

[39] Vgl. ebd.
[40] Vgl. ebd.
[41] Vgl. ebd.

Nachteil der sehr preiswerten Festplatten ist jedoch die von Experten relativ kurz bemessene Lebensdauer von bis zu 5 Jahren. Bei der ausschließlichen Nutzung als Backup-Medium kann eine Festplatte auch mehr als 10 Jahre gebrauchsfähig sein. Ein großes Problem zeichnet sich indes bei der Anfälligkeit durch Erschütterungen ab. Somit können kleine Festplatten von Vorteil sein, da durch ihre geringe Masse Erschütterungen durch beispielsweise einen Sturz weitaus schwächer ausfallen. Bei größeren Platten kommt es durch eine Erschütterung zu einem sogenannten „Headcrash"[42], welcher den Träger zerstört. Manche besitzen daher einen „Fallschutz"[43]. Dabei wird der Schreib-Lese-Kopf in eine sichere Position bewegt, sobald sich ein Sturz abzeichnet. Die Frage bleibt, ob dieses Verfahren auch wirklich immer funktioniert. Die meisten Platten verfügen über ein eigenes Diagnosesystem, bekannt unter der Abkürzung S.M.A.R.T. (Self Monitoring, Analysis and Reporting Technology). Durch das Herunterladen dieser Freeware können Fehler frühzeitig erkannt und behoben werden. Jeder kann aber auch mit Hilfe des ordnungsgemäßen Auswerfens der Festplatte durch die Trennung von dem PC derartigen Fehlermeldungen vorbeugen. Sobald die Festplatte dem Nutzer lauter beziehungsweise langsamer vorkommt, sollte man ebenfalls schnellstmöglich handeln.

Aber auch Magnetfelder oder die Lagerung in der Nähe von Lautsprechern können zu einem späteren Versagen führen. Eine Studie von Google namens „Failure Trends in a Large Disc Drive Populatin"[44] beschäftigt sich mit dem Ausfallverhalten von mehr als 100.000 Festplatten infolge von Produktionsfehlern. Präventive Maßnahmen für Privatpersonen wären die Wahl des richtigen Produkts – kein No-Name-Produkt – und die Berücksichtigung einer langen Garantiezeit beim Kauf. WORM-Speicherkarten (Write once read multiple)[45] sind neben USB-Sticks auch interessante Optionen. Die Sticks sind im Vergleich zu Festplatten durchsetzungsfähiger und können sogar mehrere Waschmaschinengänge überleben nach Angaben von Experten.[46] Bei Fehlern werden die digitalen Daten auf Ersatzblöcken gespeichert, wodurch keine Daten verloren gehen. Die Zellen eines

---

[42] Vgl. PC Magazin: Lebensdauer von Speichermedien, in: http://www.pc-magazin.de/ratgeber/ speichermedien-lebensdauer-dvd-festplatte-usb-stick-floppy-disk-1485976.html,   Zugriff   vom: 02.05.2014
[43] Vgl. ebd.
[44] Vgl. ebd.
[45] Vgl. ebd.
[46] Vgl. Netzwelt: Haltbarkeit von Speichermedien: Wo Daten richtig liegen, in: http://www.netzwelt.de/ news/75456-haltbarkeit-speichermedien-daten-richtig-liegen.html, Zugriff vom: 02.05.2014

solchen Speichers lassen sich in MLC und SLC (Multiple/Single Level Cell) unterteilen. Letztere sind bewiesenermaßen sicherer und kleiner, aber auch sehr teuer. Weiterhin gilt hier, dass auch diese Hardware fachgerecht vom PC getrennt werden muss, da geheime Lese- beziehungsweise Schreibvorgänge im Hintergrund ablaufen. Mit ihren 10 bis 30 Jahren Garantielaufzeit bieten USB-Sticks mehr Sicherheit als so manch anderer Datenträger. Im Gegensatz zu diesen besitzt ein solcher Stick 100.000 Speicherzyklen und kann nur durch sehr häufiges Nutzen bedroht werden. Der Anschluss zum PC ist hier auch direkt vom Träger möglich, ohne dabei auf ein Adapter oder Kabel zurückgreifen zu müssen. Trotzdem sollte auch hier ein Markenprodukt einem Anderen Vorrang gewährt werden.

Magnetbänder sind besonders für das Speichern von größeren Datenmengen in Großrechnerbereichen zu bevorzugen. Für die von solchen Tapes gebotenen Kapazitätsklassen sind sie sehr preiswert. Nachteilig zu bewerten sind allerdings die Preise der Bandlaufwerke. Insgesamt weisen sie eine bessere Fehlerkorrektur auf als andere Medien und gelten als schnell und zuverlässig.[47] Ihre Lebensspanne kann bis zu 30 Jahre betragen, da bei Versagen des Laufwerks beziehungsweise des Bandes kein vollkommener Verlust auftritt. Die Kosten eines solchen Sets von der Firma Quantum liegen bei ca. 350€. Eine vergleichbar gute Option wären die MOD-Medien (Magneto-Optical-Disc) mit einem Kostenaufwand von ca. 300€. Diese haben einen höheren Schutz bei der Datenintegrität, also bei der Veränderung eines Bits, sowohl optisch als auch magnetisch. In der heutigen Zeit werden sie von der jüngeren Generation allerdings nicht all zu häufig verwendet.

Eine Variante, die auf Grund der heutigen Angst vor fehlendem Datenschutzes rückläufig, aber weiterhin populär ist, ist das Abspeichern unserer Daten bei Onlinediensten – sogenannten Clouds. Kostenlosen Speicherplatz erhält man meist durch Einbußen bei Garantie auf Datenintegrität und bei der Begrenzung der möglichen hochzuladenden Menge. Dennoch ist hervorzuheben, dass durch mehrere Backups die Daten geschützt sind und durch einen Ausfall des Systems nicht automatisch gelöscht, sondern gesichert sind. Aber auch hier ist die Wahl des richtigen Anbieters von großer Bedeutung. Der Personendatenschutz kann durch ein eigen gewähltes Passwort zwar verbessert, jedoch nicht komplett gewährleistet

---

[47] Vgl. Focus: Daten für die Ewigkeit, in: http://www.focus.de/digital/computer/chip-exklusiv/tid-7048/backup-strategien_aid_69016.html, Zugriff vom: 02.05.214

werden. Es gilt jedoch als eine sehr gute Option zur Datensicherung. Wer hingegen die Verteilung der Datenträger bei Familienangehörigen bevorzugt, kann auch diese Option zurückgreifen.

Alle dargestellten Speichermedien haben ihre jeweiligen Vor- und Nachteile. Doch insgesamt betrachtet, helfen sie die Speicherung von persönlichen digitalen und analogen Daten zu gewährleisten. Folgt man fünf einfachen Schritten, so kann jeder das eigene Speicherverhalten disziplinieren und optimieren.[48] Zuerst sollte man sich mit der Relevanz seiner Daten für die Zukunft beschäftigen. Versucht man all seine Daten zu archivieren, entsteht ein Ordnerchaos. Die Abspeicherung sollte zukunftsorientiert stattfinden und nur die wichtigsten Dateien sollten über Jahre im eigenen Bestand vorzufinden sein. Bereits Anfang 2013 überstieg die weltweit gespeicherte Datenmenge 2 Zettabyte.[49] Umgerechnet sind das 2000.000.000.000.000.000.000 (zwei Trilliarden) Byte. Laut der IDC-Studie „Digital Universe" verdoppelt sich diese Datenmenge alle zwei Jahre und soll bis 2020 40 Zettabyte betragen, was dem 57-Fachen der Sandkörner auf allen Stränden der Erde"[50] entspricht (vgl. Abb. 4).

Der zweite Schritt beschäftigt sich mit der Redundanz der Daten. Sie beschreibt die Verteilung dieser auf verschiedene Speicherträger. Fotos können demnach am besten auf Speicherkarten gesichert werden und nicht nur auf dem eigenen PC.

Die Phase der Migration folgt als nächstes. Damit ist gemeint, dass Kopien regelmäßig auf neuen Medien angefertigt und die für sie benötigten Lesegeräte aufbewahrt werden sollten. Fehlende Diskettenlaufwerke machen es unmöglich aufbewahrte Disketten einzulesen und somit digitale Daten der Vergangenheit abzurufen. Ebenso verhält es sich mit Datenformaten.

Die Integrität beinhaltet die Anweisung zur Überprüfung der Zuverlässigkeit der genutzten Datenträger. Empfohlene Software ist als Download oder im Geschäft erhältlich und kann Schadsoftware erkennen, beseitigen und vorbeugen. Gibt es Fehlermeldungen sollten die digitalen Daten ohne Verzug erneut auf anderen Trägern gespeichert werden.

---

[48] Vgl. ebd.
[49] Vgl. Deutschland: Unvorstellbare Datenmengen, in: https://www.deutschland.de/de/node/2828, Zugriff vom: 09.05.2014
[50] Flutlicht: Big Data – Grosse Datenmengen mit Nebenwirkungen, in: https://www.flutlicht.biz/2013/10/big-data-grose-datenmengen-mit-nebenwirkungen/, Zugriff vom: 09.05.2014

Ein weiterer Aspekt, der in allen zuvor behandelten Problematiken schon angesprochen wurde, ist die Auswahl des Mediums nach Qualität und Bekanntheit des Herstellers. Bei CDs und DVDs beispielsweise sollte eine goldene Reflexionsschicht vorhanden sein beziehungsweise RAM-Medien gewählt werden. Bei Festplatten gelten langsam drehende Modelle als besonders widerstandsfähig gegen Erschütterungen.

3.3 Speicherung von Daten im Internet

Das Internet kann heutzutage durch die sogenannten Clouds ein zuverlässiger Ort für die Datenspeicherung sein, den man bewusst als Alternative zu anderen Speichermedien wählen kann. Darüber hinaus birgt das Internet jedoch auch die Gefahr der unbewussten Speicherung der persönlichen Daten.

„Anders als der Merkfähigkeit unseres Gehirns sind dem Gedächtnis des Netzes keine Grenzen gesetzt. Selbst die belanglosesten Fakten, die wir sonst schnell vergessen würden, bleiben dort ewig gespeichert"[51]. Jedoch ist vielen Menschen nicht bewusst, dass die Daten, welche sie freiwillig über Social Media veröffentlichen, meist auf mehreren ausländischen Servern liegen und somit weiter verbreitet werden. So ist es meistens sehr schwer, wenn nicht gar unmöglich, dass peinliche Partybild der letzten Nacht komplett aus dem Netz zu löschen. Man kann es zwar von seinem Profil entfernen, doch weiß man nicht, wie viele Backups der Betreiber des sozialen Netzwerks bereits davon angefertigt hat oder ob einer der sogenannten „Freunde" das Foto heruntergeladen oder geteilt hat. Für 2014 ist ein europaweites Datenschutzgesetz zum einfachen Entfernung von Daten aus dem Internet geplant.[52] Allerdings könnte dieses Gesetz nicht auf Daten angewendet werden, die auf Servern im nicht-europäischen Ausland gespeichert sind, was bei den meisten Gemeinschaftsportalen wie Facebook der Fall ist.

---

[51] Zeit: Das Internet vergisst nichts, in: http://www.zeit.de/zeit-wissen/2011/05/Internet-Daten-Ewigkeit, Zugriff vom: 09.05.2014
[52] Vgl. Deutsche Welle: Helmbrecht: „Das Internet vergisst nie", in: http://www.dw.de/helmbrecht-das-internet-vergisst-nie/a-16988921, Zugriff vom: 09.05.2014

Auf Grund dieser Problematik sollte jeder im Vorfeld genau überlegen, welche Daten er oder sie dem Onlinegedächtnis zur Verfügung stellen möchte. Ein positiver Aspekt dieser unbewussten Speicherung ist, dass dadurch ein Backup von Bildern, Videos und Textdokumenten entsteht und man auch später leicht auf diese zugreifen kann.

4 Résumé

„Digital Documents last forever – or five years, whichever comes first"[53].

Dieses Zitat von Jeff Rothenberg aus dem Jahre 1999 beschrieb schon damals das Dilemma der digitalen Datenspeicherung und ihrer relativen Kurzlebigkeit im Vergleich zu analogen Medien (vgl. Abb. 3). Jedoch sind sich selbst 15 Jahre später noch nicht alle darüber im Klaren, dass digitale Daten nur eine begrenzte Nutzungsfähigkeit ausweisen, da auf Grund des technischen Wandels die nötigen Lesegeräte nicht mehr erhältlich und die Daten somit verloren sind.

Um wertvolle und kulturell bedeutende Daten, die zur Zeit lediglich in digitaler Form vorliegen, für die zukünftigen Generationen zu erhalten, wird seit einigen Jahren eine Analogisierung dieser Daten vorgenommen. Darunter versteht man die Umwandlung digitaler in analoge Daten, da diese bei richtiger Lagerung deutlich länger haltbar sind und vom Menschen sofort und ohne Hilfsmittel erfassbar sind.

Bereits 2007, etwa zwanzig Jahre nach dem Beginn der Digitalisierung, wurde wiederum die Notwendigkeit der Analogisierung vom Bund erkannt und gefördert, um staatliche sowie einige bedeutende private Bestände zu schützen.[54] Dabei wird vor allem das Verfahren der Sicherungsverfilmung auf einem 35-Millimeter-Mikrofilm angewendet, da zum Auslesen keine großen technischen Hilfsmittel benötigt werden.[55]

Zur Umwandlung nutzt man den vom Freiburger Fraunhofer-Institut für Physikalische Messtechnik (IPM) entwickelten Kopierer „ArchiveLaser", der „in 45 Sekunden rund 16 hochauflösende DIN-A4-Vorlagen (300 dpi) samt weiteren Metadaten auf einem 32 mal 45 Millimeter winzigen Einzelbild ("Frame") [...] [unterbringt], das sich wiederum auf einem 600 Meter langen und 35 Millimeter breiten Mikrofilm befindet. Insgesamt können so 1,3 Terabyte (also 1300 Gigabyte) vor allem an farbigen Daten pro Tag verarbeitet werden."[56] Diese Methode ist ein wichtiger Bestandteil der

---

[53] Borghoff, Uwe M., u.a.: Langzeitarchivierung – Methoden zur Erhaltung digitaler Dokumente, Heidelberg: dpunkt.verlag, 2003, S. 3
[54] Vgl. Frankfurter Allgemeine Zeitung: Zurück auf den Mikrofilm, in: http://www.faz.net/aktuell/ gesellschaft/langzeitarchivierung-zurueck-auf-den-mikrofilm-1408430.html, Zugriff vom: 09.05.2014
[55] Vgl. ebd.
[56] Ebd.

Langzeitarchivierung geworden, die von vielen Instituten weltweit betrieben wird, um unser Wissen über die Zeit zu retten.

Jedoch ist dieses Verfahren für Datenmengen noch relativ teuer, weswegen häufig die Speicherung im digitalen Format bevorzugt angewendet wird. Zudem sind digitale Speichermedien auf Grund der hohen Speicherkapazität sehr platzsparend und die Daten können einfacher bearbeitet und an Dritte weitergegeben werden.

Für Privatpersonen ist allerdings eine analoge Speicherung ihrer Daten neben der digitalen durchaus sinnvoll, da der rasante technische Fortschritt digitale Datenträger altern lässt, wodurch sie nach einer bestimmten Zeit nicht mehr zu gebrauchen sind. Diese Konvertierung kann leicht durch diverse Digital-Analog-Wandler durchgeführt werden. Zudem sollten die bereits besprochenen Backup-Strategien beachtet werden, um eine möglichst lange und sinnvolle Speicherung der eigenen Daten zu gewährleisten.

5 Literatur- und Quellenverzeichnis

Deutsche Welle: Helmbrecht: „Das Internet vergisst nie", in: http://www.dw.de/ helmbrecht-das-internet-vergisst-nie/a-16988921, Zugriff vom: 09.05.2014

Deutschland: Unvorstellbare Datenmengen, in: https://www.deutschland.de/de/ node/2828, Zugriff vom: 09.05.2014

Flutlicht: Big Data – Grosse Datenmengen mit Nebenwirkungen, in: https://www.flutlicht.biz/2013/10/big-data-grose-datenmengenmit nebenwirkungen/, Zugriff vom: 09.05.2014

Focus: Daten für die Ewigkeit, in: http://www.focus.de/digital/computer/chip-exklusiv/tid-7048/backup-strategien_aid_69016.html, Zugriff vom: 02.05.214

Frankfurter Allgemeine Zeitung: Zurück auf den Mikrofilm, in: http://www.faz.net/ aktuell/gesellschaft/langzeitarchivierung-zurueck-auf-den-mikrofilm-1408430.html, Zugriff vom: 09.05.2014

Handelswissen: Analog/Digital, in: http://www.handelswissen.de/data/branchen/ Consumer_Electronics/CE-Spezialwissen/Grundlagen/Grundlagen_ Audio/Analog_Digital.php, Zugriff vom: 01.05.2014

Hansen, Hans Robert; Neumann, Gustaf: Wirtschaftsinformatik 1 – Grundlagen und Anwendungen, Stuttgart: Lucius & Lucius, 2009

Leskien, Hermann: Geleitwort, in: Borghoff, Uwe M., u.a. (Hg.): Langezeitarchivierung – Methoden zur Erhaltung digitaler Dokumente, Heidelberg: dpunkt.verlag, 2003, S. 5

Netzwelt: Haltbarkeit von Speichermedien: Wo Daten richtig liegen, in: http://www.netzwelt.de/news/75456-haltbarkeit-speichermedien-daten-richtig-liegen.html, Zugriff vom: 02.05.2014

PC Magazin: Lebensdauer von Speichermedien, in: http://www.pc-magazin.de/ratgeber/speichermedien-lebensdauer-dvd-festplatte-usb-stick-floppy-disk-1485976.html, Zugriff vom: 02.05.2014

Wikipedia: CD-ROM, in: http://de.wikipedia.org/wiki/CD-ROM, Zugriff vom: 09.05.2014

Wikipedia: Digitalisierung, in: http://de.wikipedia.org/wiki/Digitalisierung# Gr.C3.BCnde_f.C3.BCr_die_Digitalisierung, Zugriff vom 01.05.2014

Wikipedia: Disketten, in: http://de.wikipedia.org/wiki/Diskette, Zugriff vom: 09.05.2014

Wikipedia: DVD, in: http://de.wikipedia.org/wiki/DVD, Zugriff vom: 09.05.2014

Wikipedia: Festplattenlaufwerk, in: http://de.wikipedia.org/wiki/Festplattenlaufwerk, Zugriff vom:09.05.2014

Wikipedia: Langzeitarchivierung, in: http://de.wikipedia.org/wiki/Langzeitarchivierung, Zugriff vom: 03.05.2014

Wikipedia: Magnetband, in: http://de.wikipedia.org/wiki/Magnetband, Zugriff vom: 09.05.2014

Wikipedia: USB-Massenspeicher, in: http://de.wikipedia.org/wiki/USB-Massenspeicher, Zugriff vom: 09.05.2014

Zeit: Das Internet vergisst nichts, in: http://www.zeit.de/zeit-wissen/2011/05/Internet-Daten-Ewigkeit, Zugriff vom: 09.05.2014

6 Abbildungsverzeichnis

Durchschnittstempertaur digital in Stadt X 2011

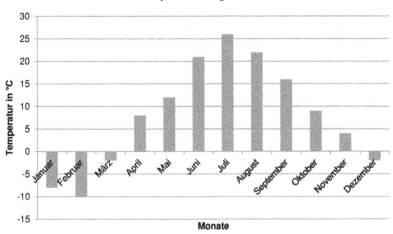

Abb. 1: Durchschnittstemperatur digital in Stadt X für das Jahr 2011 gemessen in °C

Quelle: eigene Darstellung

Durchschnittstemperatur analog in Stadt X 2011

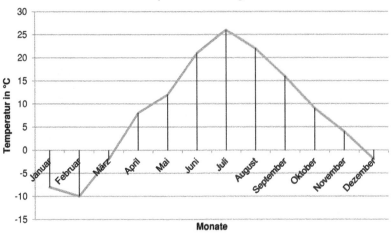

Abb. 2: Durchschnittstemperatur analog in Stadt X für das Jahr 2011 gemessen in °C

Quelle: eigene Darstellung

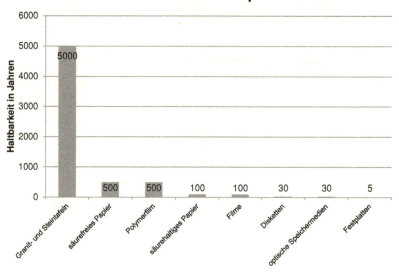

Abb. 3: Haltbarkeit von ausgewählten analogen und digitalen Speichermedien in Jahren

Quelle: eigene Darstellung

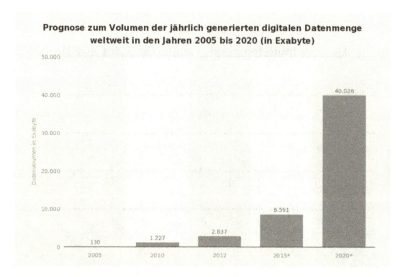

Abb. 4: Prognose zum Volumen der jährlich generierten Datenmenge weltweit von 2005-2020 in Exabyte

Quelle: http://ezproxy.hwr-berlin.de:2070/statistik/daten/studie/267974/umfrage/ prognose-zum-weltweit-generierten-datenvolumen/, Zugriff vom: 09.05.2014